Yurena Martín González

APULEYO EDICIONES   FOMENTO DE VALORES   CUENTOS ILUSTRADOS

¿Quién se ha llevado a Moco?

APULEYO EDICIONES   FOMENTO DE VALORES   CUENTOS ILUSTRADOS

Todo empezó un día cualquiera, de esos que son iguales al resto.
La mañana había trascurrido tranquila, nada me resultó
especialmente sospechoso.

Me dispuse a hacer una ardua investigación: encontrar
las pistas que me llevarán hasta él.

«No se lo ha podido tragar la tierra», pensaba.

Había sido mi compañero desde la guardería. Lo he cuidado desde
entonces y nunca nos hemos separado.

Ha viajado en mi mochila, en el estuche, en alguna libreta.
Y ha estado hasta debajo del pupitre, siempre conmigo.

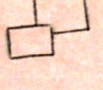

Todo empezó aquel día, yo estaba escondido en el tobogán del patio de infantil de tres años. Me costaba mucho hacer amigos, especialmente cuando se adueñaba del patio esa niña horrible con coletitas llenas de millones de lazos destellantes de purpurina y que todo el rato me perseguía para que yo interpretará el rol de papá de una de sus muñecas espantosas, de un perro de peluche y de un dinosaurio de goma.

Peroooo ¿cómo es posible? No podía salir de mi escondite y asumir semejante responsabilidad, ¡si aún llevo pañales para dormir!

La verdad, no quisiera imaginar cuando ese bebé de dinosaurio crezca. ¿Cuántas horas tendré que trabajar de más para poder alimentarlo?

Comerá toneladas de sándwiches, y beberá litros de leche. Por un momento me vi a mí mismo preparando enormes bocadillos por la mañana, con muchos huevos fritos, cinco kilos de beicon.

¡Dios mío, qué espanto! No, por supuesto que no iba a salir de mi escondite hasta no alcanzar la pubertad.

Allí, escondido bajo el tobogán, aburrido y atemorizado,
me quedaba hasta que Meis me recataba.

Meis era mi maestra, ella era dulce y cariñosa, y olía a plastilina.
Nos cantaba canciones y cuentos divertidos. Y no sé cómo lo hacía,
pero siempre estaba en el momento oportuno para evitar una caída,
un pisotón o cualquiera de las catástrofes que pasaban a esas edades.

¡Era adorable!

Meis también conoció a Moco. A ella no le gustaba que yo anduviera siempre con él, de un lado para otro. A veces, incluso me regañaba.

Pero yo no sabía qué hacer con él. A fin de cuentas, lo había encontrado yo, me tardé un buen rato, porque era escurridizo. Estaba bastante escondido y resultó difícil de sacar.

No entendía las caras de asombro de todos.

Incluso resultó divertido y muy útil para espantar
a los abusones y a esa terrible niña con voz de pito y
coletas que no paraba de perseguirme.

Todos se apartaban y salían corriendo. ¡Bien!, ya no
tenía que esconderme bajo el tobogán. Podía correr de
un lado para otro, ser el primero en la fila,
o incluso elegir el sitio en el autobús.

¡Esto era genial!

Pero un día, cuando nos marchamos al cole de los mayores, todo cambió.

Tenía que esconderlo de la maestra, de los otros niños y hasta de la señora de la limpieza.

Y en casa era aún peor. Mi mamá se ponía enfadadísima y mi hermana pequeña quería comérselo.

BUAGGGGGGGG. Pero qué asquete.

En fin, que cada día se me hacía más difícil cuidar de Moco.

El día que desapareció, yo lo había dejado en mi mochila un momento y, de repente, ya no estaba.

Se lo había advertido en muchas ocasiones: el cole no era un lugar seguro, y en casa acechan muchos peligros. No debió ignorar mis advertencias. Y ahora mira; tremendo marrón.

La cabeza me daba vueltas.

Pensaba que mis ojos explotarían pronto.

No había rastro de él por ningún sitio. Comencé a hacer mis averiguaciones; pregunté a los niños en el patio y algunos se ofrecieron a ayudar en la búsqueda.

Hicimos un retrato robot de los posibles sospechosos.

Nuestra principal sospechosa: la señora de la limpieza.

—¿Señora Rous, podría decirnos dónde exactamente estuvo ayer al mediodía?

—Me encontraba en la biblioteca, como cada día a esa hora. ¿Por qué lo preguntas, jovencito? —preguntó la señora Rous con esa mirada acusadora mientras acariciaba su barbilla cubierta de una especie de pelusa oscura.

Nos entró el pánico y echamos a correr... ya sabéis que a estas edades nuestra imaginación suele jugarnos malas pasadas, y no es por menospreciar la perturbadora belleza de la señora Rous, pero... ¡vaya si era aterrador ese look de mujer lobo!

Nuestro próximo sospechoso era el señor de la enfermería.
A él no le gustaba nada que yo anduviera siempre con Moco.
Sí, seguro que había sido él.

Entramos en la enfermería fingiendo un dolor de tripa,
a lo que él reaccionó de manera incrédula diciendo:

—Ajá, ajá, ajá —murmuraba mientras nos miraba por encima de sus gafas.

—Así que les duele la tripa a todos, ¿no? Vaya, vaya. Pues no hay que preocuparse —y se dirigió hacia un armario lleno de frascos rarísimos llenos de jarabes asquerosos, como los que usan las brujas, hechos de vete a saber qué porquerías: con patas de cabras y ojos de culebras.

Estoy seguro que de haberlo tomado, nos saldría pelo por todo el cuerpo, como a la señora Rous. Imagínate, sin apenas superar la primaria y con barba. ¡Menudo espanto! Muertos de miedo, empezamos a gritar:

—¡Socórrooooo , socórrooooo! —y salimos corriendo de allí.

Uuff, qué mal rato pasamos, aunque después nos dio tremendo ataque de risa.

Solo quedaba mi hermana; teníamos que quedar en mi casa una tarde para jugar; con esa escusa podríamos estar más cerca de mi hermana para poder investigarla.

—¡Un momento! Mi hermana siempre ha querido comerse a Moco. ¿Sabéis qué quiero decir con esto? Tenemos que mirar en su pañal.

—Aghhh, qué asco.

—No.

—Imposible.

—No cuentes con nosotros.

—Lo haré yo —afirmé bajo la mirada estupefacta de los chicos.

Me acerqué muy lentamente a la cuna.

Mi hermana dormía como un angelito. Era ahora o nunca.

Me temblaba la mano, pero me armé de valor y destapé
su pestilente pañal.

¡Dios!, ¿qué era aquello?... Era un arma de destrucción masiva, una
especie de bomba química. ¿Cómo era posible que mi hermanita fuera
la autora de semejante desastre medioambiental? Su peste era capaz
de despertar a la mismísima Bella Durmiente.

Y ni te imaginas la cantidad de colores y formas... En fin.

Con todo esto de buscar a Moco me di cuenta de que ya no me hacía falta y que, en realidad, era bastante incómodo tenerlo pegado todo el día en mi dedo índice.

Además, sin darme cuenta, ya había hecho mis propios amigos.

Pero aún me preguntaba: «¿Quién se ha llevado a Moco?».

Y de pronto lo supe.

Vi aquel pañuelito gris que usaba ella para limpiarme la nariz y entonces reconocí aquel dulce olor a plastilina. Cerré mis ojos y suspiré con nostalgia.

Entendí que ya no necesitaba más escondites bajo el tobogán y
que Meis ya no me vendría a rescatar.

Me había hecho mayor, y eso me gustaba. Tenía nuevos amigos
y me convertí en el protagonista de mil aventuras.

Realmente Moco fue un buen compañero, pero había llegado el momento de despedirnos.

Atrás quedaban esos ratos en los que lo redondeaba con mis dedos, lo aplastaba y le daba formas diferentes.

Ahora tocaba enfrentarme a los desafíos de primaria, a todas esas inquietantes etapas que estaban por venir y a todos esos cambios que yo aún no terminaba de entender, pero que superaría junto a mis amigos de verdad.

ESCUELA

Fin

© Yurena Martín González (de la obra)

©Apuleyo Ediciones (de esta edición)

Primera edición en Apuleyo Ediciones: mayo 2024

Diseño de cubierta: Sofía Corzo González

Corrección: Aitor Andreu Guerrero

Maquetación: Domingo Carrasco Martín

Ilustraciones: JS

Coordinación editorial: Isidoro Cidre González

info@apuleyoediciones.com

www.apuleyoediciones.com

ISBN: 978-84-1060-273-1

Depósito legal: H 273-2024

Hecho e impreso en España.